U0453027

中国社会科学院大学专项资助成果

满语文系列教材

朝克　主编

实用满语会话

朝克　王敌非　著

中国社会科学出版社

图书在版编目（CIP）数据

实用满语会话 / 朝克，王敌非著. -- 北京：中国社会科学出版社，2025.1. --（满语文系列教材）.
ISBN 978-7-5227-4471-1

Ⅰ.H221.94

中国国家版本馆 CIP 数据核字第 202414HS81 号

出 版 人	赵剑英
责任编辑	单 钊　李嘉荣
责任校对	韩天炜
责任印制	李寡寡

出　　版	中国社会科学出版社
社　　址	北京鼓楼西大街甲 158 号
邮　　编	100720
网　　址	http://www.csspw.cn
发 行 部	010-84083685
门 市 部	010-84029450
经　　销	新华书店及其他书店

印　　刷	北京明恒达印务有限公司
装　　订	廊坊市广阳区广增装订厂
版　　次	2025 年 1 月第 1 版
印　　次	2025 年 1 月第 1 次印刷

开　　本	710×1000　1/16
印　　张	9
字　　数	140 千字
定　　价	39.00 元

凡购买中国社会科学出版社图书，如有质量问题请与本社营销中心联系调换
电话：010-84083683
版权所有　侵权必究

前　言

本书是基于清代满语书面语，以会话读本形式编写的语言习得指导用书，由第一课《问候》、第二课《天气》、第三课《四季》、第四课《时间》、第五课《身体与年龄》、第六课《婚姻》、第七课《房屋》、第八课《家事》、第九课《饮食》、第十课《服饰》、第十一课《学校》、第十二课《工作》、第十三课《农业生产》、第十四课《好朋友》、第十五课《购物》、第十六课《交通工具》、第十七课《满族歌舞》、第十八课《满语》、第十九课《满文》和第二十课《满文文献资料》组成，计600余句。在课程设计和会话内容的选定中，我们尽量挖掘整理、宣传推介具有代表性的满族优秀传统文化。此外，会话尽可能根据清代满文文献资料和清代民间故事、文学作品里的基本词语或代表性词汇，在充分考虑清代满语书面语基本结构特征和使用关系的前提下，使用了极具代表性、特殊性、历史性、实用性的汉语借词等。

本书是"满语文系列教材"之一种，遵从清代满语书面语转写形式，且使用了与该系教材中《满语研究》一书相同的记音系统及转写方法。其中，包括a、e、i、o、u、ū 6个元音，以及b、p、m、f、d、t、n、l、r、s、g、k、h、ŋ、ʤ、ʧ、ʃ、w、y 19个辅音。与此同时，尽可能地使用了清代满语书面语常见语法关系，以及形态变化语法词缀。需要指出的是，对于使用关系及使用形式等比较复杂的形态变化语法现象，本书在一定程度上遵从了清代满语书面语及其历史文献资料的书写格式。如清代满语书面语中，名词类词格形态变化语法词缀 ᡳ 与 ᠨᡳ 有与前置词连写式或分离式书写的两种情况。本书使用了清代满文历史文献资料中的代表性实例，但是对于个别书写现象十分复杂且相互矛盾的形态变化语法词缀做了连写式处理。另外，为了更加清楚地阐明满语同阿尔泰语系其他语言一样，将各种形态变化语法词缀均以黏着性形式使用于前置词词根或词干后这一普遍性规律，本书把分离形式出现的形态变化语法词缀尽可能地放在靠近前置词的位置，并同后面的词语保持了一定距离。在这里，还有必要说明的是，在用特别选定的符号系统转写清代满语书面语会话内容时，严格遵循阿尔泰语系语言形态变化语法词缀的黏着性连写式使用规则，尽量以黏着性连写式书写在前置词词根或词干后面。这样做，对于人们科学有效把握满语满文的实际结构特征和结构关系，有重要的使用价值和意义。特别是，非黏着性分离式书写的形态变化语法词缀，使满语满文初学者难以精准把握，清代满语满文中极其复杂多变的形态变化语法现象。比如说，清代满语满文及其历史文献资料里，常常出现分离式书写的各种各样的形态变化语法词缀，甚至会一次性出现数个非黏着性分离式书写的形态变化语法词缀，这使初学者很难理解这些语句中使用的形态变化语法词缀是属于前置词的附属性结构，还是属于后置词的附属性结构之深层语法关系。在清代满语满文和历史文献资料内存在数量极其庞大的形态变化语法词缀，因此在实际拼读时就会遇到一系列问题。出于这一考虑，本书在用特别选定的符号系统转写满文时基本上使用了黏着性连写式方法。

众所周知，满文是在蒙古文的基础上创制的，蒙古文里形态变化语法词缀有非黏着性分离式书写和黏着性连写式书写两种形式，且以非黏着性分离式书写现象占大多数。满文起初也采用了蒙古文将形态变化语法词缀非黏着性分离式书写格式。不过，用特定符号系统转写蒙古文时，使用黏着性连写式书写的实例占多数。

根据我们现已掌握的资料，清代满语满文及其历史文献资料里遗留了许多学术问题，存在不少不规范、不一致、不统一的书写形式和实例。我们在满语满文的学习中一定要科学处理和把握，从而在学习研究的过程中不断进行规范和统一。

目 录
CONTENTS

第一课	问候	1
第二课	天气	9
第三课	四季	15
第四课	时间	22
第五课	身体与年龄	28
第六课	婚姻	35
第七课	房屋	41
第八课	家事	47
第九课	饮食	53
第十课	服饰	59
第十一课	学校	67
第十二课	工作	74
第十三课	农业生产	80
第十四课	好朋友	89
第十五课	购物	95
第十六课	交通工具	101
第十七课	满族歌舞	108

第十八课 ᠴᡳᠨᡴᠠᡳ ᡳᠴᡝ 满语 ᠮᠠᠨᠵᡠ ᡤᡳᠰᡠᠨ ·············· 115
第十九课 满文 ·············· 122
第二十课 满文文献资料 ·············· 129
后　记 ·············· 137

第一课

udʒutʃi kitʃen

sain fondʒimbi
好　　问
　问候

1. si sain nio
   你 好 吗
   你好吗?

2. bi umesi sain
   我 很 好
   我很好!

3. sini beye dursun sain nio
   你 身体 状态 好 吗
   你身体好吗?

4. kemuni ombi
   还   行
   还可以！

5. mini beye dursun baita akū
   我 身体 状态   事 无
   我身体也挺好。

6. erde sain
   早晨 好
   早晨好！

7. yamdʒi sain
   晚上   好
   晚上好！

8. si hantʃikide ekʃere nio
   你 最近   忙   吗
   你最近忙吗？

9. bi dabali ekʃere akū
   我 太   忙   不
   我不太忙。

10. bi umesi ekʃembi
    我　很　忙
    我很忙。

11. simbe takafi umesi urrgundʒembi
    你　认识　很　高兴
    认识你很高兴。

12. sinde baniha
    你　谢谢
    谢谢你。

13. sirame atʃaki
    以后　见
    再见！

14. saikan amgaki
    好好　睡觉
    晚安！（好好睡吧！）

15. simbe urgundʒeme okdombi
    你　高兴　迎接
    欢迎你。

16. dʒugūnde elhekeni yabuki
    路上 慢 走
    路上慢走。

17. si besergentʃi ilihe nio
    你 床 起 吗
    你起床了吗？

18. bi kemuni besergentʃi ilire unde
    我 还 床 起 尚未
    我还没有起床。

19. bi emgeri besergentʃi ilihabi
    我 已 床 起了
    我已经起床了。

20. si sikse yamdʒi saikan amgaha nio
    你 昨 晚 好 睡了 吗
    你昨晚睡得好吗？

21. sini gebube ai sembi
    你 名字 什么 说
    你叫什么名字？

22. mini gebu ×× sembi
    我　名字　××　叫
    我叫××（名字）。

23. si ai hala
    你　什么　姓
    你贵姓？（你姓什么？）

24. bi ×× hala
    我　××　姓
    我姓××。

25. si gebu arara erinde halabe arambio
    你　名字　写时　　姓　　写　　吗
    你写名字时写姓吗？

26. bi halabe ararakū
    我　姓　　写不
    我不写姓。

27. be urunakū halabe arambi
    我们　必须　　姓　　写
    我们必须写姓。

28. suwe halabe aibide arambi
 你们 姓 哪里 写
 你们把姓写在哪里？

29. gebui dʒulergide arambi
 名字 前面 写名字
 写在名字的前面。

30. sini gebui otʃi beyei uksurai gisun nio
 你的 名字 是 自己 民族 语 吗
 你的名字是用本民族语起的吗？

31. mudʒaŋga bi beyei uksura i gisun baitalame gebui
 是的 我 自己 民族 语 用 名
 sindahabi
 起的
 是的，我是用本民族语起的名字。

32. waka bi otʃi nikan gisunbe baitalame gebu sindahabi
 不是 我 是 汉语 用 名 起的
 不是，我是用汉语起的名字。

33. si ai bai niyalma
你 什么 地方 人
你是哪里人？

34. bi otʃi mukden bai niyalma
我 是 沈阳 地方 人
我是沈阳人。

35. sini boo gaʃan alin bade bi nio
你 家 乡 山 区 在 吗
你家乡是山区吗？

36. waka mini boo gaʃan orhoŋgo bade bi
不是 我 老 乡 草 地 在
不是，我家乡在草地上。

37. inu mini boo alini bade bi
是 我 家 山 区 在
是的，我家在山区。

38. mini agei boo hotonde bi
我 哥哥 家 城里 在
我哥哥家在城里。

39. terei boo usin toksode bi
    他   家 农村   在
    他家在农村。

40. tesei boo gemu entʃushūn saikan
    他们 家 都   特别   漂亮
    他们的家都特别漂亮。

第二课

dʒaitʃi kitʃen

abkai sukdun
天   气
天气

1. eneŋgi abkai sukdun ainaka
   今天   天   气   怎样
   今天天气怎样？

2. eneŋgi otʃi ɢalaha ineŋgi
   今天   是   晴   天
   今天是晴天。

3. abkade tugi sektembi
   天上   云   布满
   天上布满云。

4. sahaliyan tugi ʃunbe daliha
   黑的　　云彩　太阳　遮住了
   黑云遮住了太阳。

5. abkade emu madʒige tugi gemu akū
   天上　　一　　小　　　云彩　都　　没有
   天上一点云彩都没有。

6. abkai tugi samsiha
   天上的　云　散了
   天上的云散了。

7. yamdʒishūn dʒaksa umesi saikan
   晚　　　　　霞　　很　　　美
   晚霞很美。

8. tʃimaha otʃi emu sain inengi ombi
   明天　　是　　一　　好　　天　　成
   明天是一个好天。

9. ere erde edun dekdehe
   这　早　　风　　起了
   今天早晨起风了。

10. tulergide amba edun edunembi
    外面在   大   风   刮
    外面在刮大风。

11. sikse ubade amba aga agaha
    昨天 这里 大   雨 下了
    昨天这里下了场大雨。

12. tuttu ofi abkai sukdun serguwen oho
    那样 成 天   气   凉快   是
    所以天气变凉快了。

13. tʃanagi emu amba aga agaha
    前天   一   大   雨 雨下了
    前天这里下了一场大雨。

14. ne edun iliha
    现在 风 停了
    现在风停了。

15. inengi inengidari ʃahūrun ome bi
    天   天比   冷   成   是
    天一天比一天冷。

16. tulergide ʃahūrun edun edunembi
    外面在　冷　　风　　刮
    外面刮起了寒风。

17. musei ubade tuweri dʒatʃi ʃahūrun
    我们　这里　冬天　非常　冷
    我们这里冬天非常寒冷。

18. kemuni nimaŋgi dambi
    经常　　雪　　下
    经常下雪。

19. amargi bade tuweri abkai sukdun umesi ʃahūrun
    北　　地方　冬天的　天　气　　很　　冷
    北方冬天的天气很冷。

20. amargi bai niyalma tuweri gemu kubun etuku etukulembi
    北　地方　人　　冬天　都　　棉　　衣　　穿
    北方人冬天都穿棉衣。

21. si inu kubun etuku etukuleme ni
    你 也　棉　　衣　　穿　　吗
    你也穿棉衣吗？

22. esi   bi   inu   kubun   etuku   etukulembi
    当然   我   也   棉   衣   穿
    当然，我也得穿棉衣。

23. suwei   da   bade   dʒuwari   halhūn   nio
    你们的   老   地方   夏天   热   吗
    你们老家夏天热吗？

24. tuttu   dʒatʃi   halhūn   akū
    那么   太   热   不
    不那么热。

25. ubade   niyeŋniyeri   abkai   sukdun   absi
    这里   春天的   天   气   怎样
    这里春天天气怎样？

26. musei   da   bade   niyeŋniyeri   umesi   saikan
    这里   老   地方   春天   很   美
    我们老家的春天很美。

27. abkai   sukdun   kemuni   umesi   bulukan
    天   气   还   很   温暖
    天气还很温暖。

28. eretʃi tulgiyen bolori sukdun arbun inu entʃu hatʃin saikan
    此   外   秋天   天气   气象 也   别   样的 美

    另外，秋天也特别美。

29. musei daba otʃi emu umesi saikan ba ombi
    我们的 老地方 是 一 很   美的   地方 成

    我们老家是一个很美的地方。

第三课

ilatʃi kitʃen

duin forgon
四   季
四季

1. emu aniyade duin forgon bi
   一   年   四   季   有
   一年有四季。

2. duin forgon otʃi niyeŋniyeri dʒuwari bolori tuweri ombi
   四   季   是   春   夏   秋   冬   成
   四季是春夏秋冬。

3. niyeŋniyeride birai dʒuhe weniyehe
   春天   河的   冰   融化
   春天河里的冰融化。

4. ser sere edun dʒulergitʃi fulgiyeme dʒimbi
   微 微 风 南方 从 吹 来
   微风从南方吹来。

5. tumen dʒaka deribume arsunambi
   万 物 开始 发芽
   万物开始发芽。

6. bai nade yasai dʒalu gemu niowaŋgiyan fiyan
   大地 上 眼 满 都 绿 色
   大地上满眼都是绿色。

7. dʒuwari dʒihe abka halhūn ohobi
   夏天 来了 天 热了 起来
   夏天来了，天热了起来。

8. hatʃiŋga ilha nemʃeme ilhanambi
   各种 花 竞相 开放
   各种鲜花竞相开放。

9. bolori isiname serguwen edun amargitʃi dame dʒimbi
   秋天 到了 凉 风 北方 刮 来
   秋天到了，凉风从北方刮来。

10. ʤuwari i halhūn sukdunbe baʃame tutʃibuhe
    夏天　　　热　　气　　驱赶　　出去
    驱走了夏天的热气。

11. getʃen getʃefi mooi abdaha suwayan oho
    霜　　结霜　树　　叶　　黄　　变成了
    结霜了，树叶变黄了。

12. amargI bai niyalmasa tuweri i ʤekube bargiyame gaimbi
    北方　　　人们　　　冬天　　粮食　　收藏　　要
    北方的人们开始收藏过冬的粮食。

13. beikuwen erinde ʤetere ʤekube belhebumbi
    寒冷　　　季节　　吃的　　粮食　　准备
    准备严寒季节食用的粮食。

14. ʃahūrun tuweri amargi bade nimaŋgi dame deribumbi
    寒　　　　冬　　　北方　　雪　　　下　　开始
    在北方寒冷的冬天就开始下雪。

15. ba bade gemu ʃanyan nimaŋgi elbembi
    地　地　都　　白　　　雪　　　覆盖
    到处都是白雪覆盖。

16. birade deleride dʒiramin dʒuhe getʃembi
    河水　上面　　厚　　　冰　　结
    河面上结了厚厚的冰层。

17. nai mumuhu ʃunbe emu barun torhome yabutʃi uthai emu aniya sembi
    地球　太阳　　一　周　　绕　　走　　就是　一　年　　是
    地球绕太阳一周就是一年。

18. emu aniyade dʒuwan juwe biya bi
    一　　年　　　十　　二　月　有
    一年有十二个月。

19. uheri ilan taŋgū nindʒu sundʒa ineŋi bi
    共　　三　　百　　六十　　五　　天　有
    （一年）共有三百六十五天。

20. emu ineŋide orin duin erin bi
    一　　天　　二十　四　　时　有
    一天有二十四小时。

21. emu erinde nindʒu fuwen bi
    一　　时　　六十　　分　　有
    一小时有六十分。

22. emu fuwende nindʒu miyoori bi
    一   分   六十   秒   有
    一分有六十秒。

23. emu aniyade udʒui oyoŋgo otʃi aniya ineŋi
    一   年   最   重要的 是 春节   日子
    一年中最重要的日子是春节。

24. ere ineŋi boo tome isame tembi
    这   天   家   每   团聚   坐
    这一天家家团聚在一起。

25. buda dʒeme arki omime aniya ineŋibe dulembi
    饭   吃   酒   喝   年   日   过
    吃饭喝酒过大年。

26. dʒuru gisunbe booi utʃei dʒuwe ergide latubumbi
    对   联   房   门   两   边   贴
    在大门两边贴上对联。

27. niyalmasa deribume ishunde dorolome aniya arambi
    人们   开始   相互   行礼   年   拜
    人们开始相互行礼拜年。

28. haŋside niyalmasa tulergide tutʃifi niowaŋgiyanbe amtʃame genembi
    清明 人们 外 出 青 赶 踏
    清明时人们外出踏青。

29. sundʒa biyai itʃe sundʒa otʃi sundʒaŋga ineŋgi
    五 月 初 五 是 端午 日
    五月初五是端午节。

30. niyalmasa ere ineŋgide nure omimbi
    人们 这 天 黄酒 喝
    人们在这一天要喝雄黄酒。

31. botʃoŋgo sirge galade hūwaitambi
    五彩 线 手上 系
    手上要系五彩线。

32. suiha gurume dukade lakiyambi
    艾蒿 采来 门上 挂
    采来艾蒿挂在门上。

33. dʒakūn biyai tofohon otʃi biyaŋga ineŋgi
    八 月 十五 是 中秋 节
    八月十五是中秋节。

第三课 四季

34. biyaŋga ineŋide biyaŋga efen dʒembi
    中秋   节   月   饼   吃
    中秋节吃月饼。

35. doboride biyabe tuwambi
    晚上   月   看
    晚上要赏月。

36. uyun biyai itʃe uyun otʃi uyuŋge ineŋi
    九   月   初 九   是 重阳   日
    九月九日是重阳节。

37. ere ineŋi niyalmasa uyulembi
    这 天   人们   登高
    这一天人们要登高。

38. mandʒu niyalmade sain ineŋi umesi labdu bi
    满族   人   吉   日   很   多   有
    满族有很多节日。

39. sain ineŋidari gemu beyei entʃushūn ba bi
    吉   日   都   自己 不同   处 有
    每个节日都有各自的特点。

第四课

duitʃi kitʃen

erin
时间

1. ne udu erin oho
   现在 几 点 成了
   现在几点了？

2. ineŋgi oŋgoloi uyun erin oho
   日 前 九 点 成
   现在是上午九点。

3. suwe udu erinde ilihe
   你们 几 点 起床的
   你们是几点起床的？

4. bi erdei sundʒa erin dulinde ilihe
   我 早晨 五 点 半 起来了
   我早晨五点半起来了。

5. sini dʒui inu tere erinde ilimbi nio
   你的 孩子 也 那 时间 起床 吗
   你孩子也在那个时间起床吗？

6. waka dʒui tere erinde ilirekū
   不 孩子 那 时间 起床不
   不，孩子不在那个时间起床。

7. dʒui tuttu erde ilirekū
   孩子 那么 早 起床不
   孩子不那么早起床。

8. tese udu erinde ilimbi nio
   他们 几 点 起床 呀
   他们几点起床呀？

9. kemuni niŋgun erinde ilimbi
   经常 六 点 起床
   经常六点起床。

10. ememu erinde niŋgun erin dulinde ilimbi
    一些   时候   六   点   半   起床
    有时六点半起床。

11. dʒui udu erinde erdei buda dʒembi
    孩子 几   点   早   饭   吃
    孩子几点吃早饭？

12. nadan erinde dʒembi
    七   点   吃饭
    七点吃饭。

13. buda dʒefi wadʒiha tatʃikūde genembi
    饭   吃   完   学校   去
    吃完饭去学校。

14. tatʃikū suweni booderi goro nio
    学校   你们   家比   远   吗
    学校离你们家远吗？

15. tuttu goro akū
    那么 远   没
    没那么远。

第四课　时间

16. booderi tatʃikūde isinarade udu erin yabumbi
    家从　　学校　　　到　　　几　　时间　走
    从家到学校多长时间？

17. orin fun muru baitalambi
    二十　分钟　左右　需要
    需要二十分钟左右。

18. yafahalame yabumbi nio
    步行　　　走　　　吗
    步行吗？

19. mini dʒui kemuni yafahalame yabumbi
    我　孩子　经常　　步行　　　走
    我孩子经常步行。

20. ememu erinde bi dʒuibe tatʃikūde benembi
    一些　时候　我　孩子　　学校　　送
    有时我送孩子去学校。

21. si inu yafahalame benembi nio
    你　也　步行　　　送　　　吗
    你也是步行送吗？

22. labdu erinde morin sedʒeni benembi
    多的 时间 马   车   送
    更多的时候用马车送。

23. embihede inu yafahalame benembi
    有时   也 步行   送
    有时也步行送。

24. sini dʒui udu erinde tatʃikūderi bedereme dʒimbi
    你   孩子 几 点   学校从   回   来
    你的孩子几点从学校回来？

25. dʒuwan dʒuwe erin dulekele boode bederembi
    十   二   点 过了   家   回来
    十二点以后回来。

26. ne emgeri dʒuwan emu erin dulin oho
    现在 已经 十   一   点   半   到了
    现在已经十一点半了。

27. tuttu ofi bi inengi dulini budabe belhembi
    那   成 我 日   午   饭   准备
    那么我就准备午饭。

第四课　时间

28. si　inu　musei　boode　inengi　dulini　buda　dʒeki
    你　也　我们　家　日　午　饭　吃吧
    你也在我们家吃午饭吧。

29. baiburakū　bi　yabumbi
    不用　我　走了
    不用，我要走了。

30. ʃolo　erinde　sirame　dʒiki
    空闲　时间　再　来
    空闲时再来。

第五课

sundʒatʃi kitʃen

beye dursun dʒai se
身体　容貌　与　年纪

身体与年龄

1. si udu se oho
   你　多　岁　了
   你多大了？

2. sini beye dursun katun guigu nio
   你的　身体　状况　硬实　健康　吗
   你身体健康吗？

3. mini beye dursun mudʒakū katun guigu
   我的　身体　状况　非常　硬实　健康
   我身体非常健康。

4. si   ere   aniya   udu   se   oho   ni
   你   这   年   多   岁   大   了
   你今年多大岁数了？

5. bi   ere   aniya   nindʒu   ningun   se   oho
   我   这   年   六十   六   岁   成了
   我今年六十六岁了。

6. si   kemuni   ai   weilen   weilembi
   你   还   什么   工作   做
   你还做什么工作吗？

7. bi   ne   toksode   usin   tarimbi
   我   现在   农村   田   种
   我现在在农村种田。

8. sini   sargan   udu   se   oho   ni
   你的   妻子   多   岁   成了   呀
   你妻子多大岁数了？

9. mini   sargan   nindʒu   duin   se   oho
   我的   妻子   六十   四   岁   成了
   我妻子六十四岁了。

10. tere mintʃi dʒuwe se adʒige
    她　我比　二　　岁　小
    她比我小两岁。

11. tere inu toksode bi nio
    她　也　村里　　在　吗
    她也在村里吗？

12. inu tere minde emu toksode bi
    对　她　我　　一起　村里　　在
    对，她和我在一个村里。

13. toksode ai weilen weilembi
    村里　　什么　工作　做
    （她）在村里做什么工作？

14. ai weilen weilerakū boode omolobe tuwaʃatambi
    什么　工作　做不　　家在　孙子把　照看
    （她）什么工作也不做，在家里照看孙子。

15. ere aniya omolo udu se oho
    这　年　　孙子　几　岁　成了
    （你）孙子今年几岁了？

16. mini omolo ere aniya sundʒa se oho
    我 孙子 这 年   五   岁 成了
    我孙子今年五岁了。

17. tere dʒidere aniya niŋgun se ombi
    他   来   年   六   岁 成
    他来年就六岁了。

18. niŋgun se otʃi uthai adʒige tatʃikūde dosimbi
    六   岁 成 就   小   学校   进
    （他）六岁了就上小学。

19. sini dʒui udu se oho
    你的 儿子 多 大 成了
    你儿子多大了？

20. ne gūsin duin se oho
    现在 三十 四 岁 成了
    （他）现在三十四岁了。

21. tere kemuni mudʒakū asigan bi
    他   还   相当   年轻   在
    他还相当年轻。

31

22. dʒui   ai   bade   ai   weilen   weilembi
    儿子   什么   地方   什么   工作   做
    (你)儿子在什么地方做什么工作？

23. mini   dʒui   gaʃande   weilembi
    我   儿子   乡   工作
    我儿子在乡里工作。

24. dʒui   urun   ere   aniya   udu   se   oho
    儿   媳   这   年   多   岁   成了
    (你)儿媳今年多大了？

25. gūsin   dʒuwe   se   oho
    三十   二   岁   成了
    (她)三十二岁了。

26. dʒui   urun   inu   gaʃande   weilembi   nio
    儿   媳妇   也   乡   工作   吗
    (你)儿媳也在乡里工作吗？

27. tere   gaʃande   weilerakū
    她   乡   不工作
    她不在乡里工作。

28. tere otʃi emu usisi
    她　　是　　一　　农民
    她是一位农民。

29. suwende entʃu dʒui bi nio
    你们　　其他　孩子　有　吗
    你们有其他孩子吗？

30. musede damu emu dʒui bi
    我们　　只　　一　　孩子　有
    我们只有一个儿子。

31. suwe otʃi emu dʒabʃan hūturiŋga boo boigon
    你们　是　个家　幸福的　　　家庭
    你们是一个幸福的家庭。

32. bi suweni dʒabʃan hūturibe dʒalbarimbi
    我　你们　　幸福　　福气　　　祝愿
    我祝你们幸福！

33. ne bi yabume oho
    现在　我　走　　是
    现在我要走了。

34. sirame dʑai dʑiki
　　 接着　 再　 来
　　 希望再来。

35. sirame atʃaki
　　 接着　 见
　　 再见！

第六课

niŋgutʃi kitʃen

holbon
婚姻

1. si holboho nio
   你 婚结了 吗
   你结婚了吗?

2. bi kemuni holbokū bi
   我 还 结婚没 在
   我还没有结婚。

3. si naraʃame buyerebe gisurehe nio
   你 爱 恋 谈了 吗
   你谈恋爱了吗?

4. bi dʒai naraʃame buyerebe gisurekū
   我 也 爱 恋 谈无
   我也没谈恋爱。

5. ere aniya si udu se oho
   这 年 你 多少 岁 成了
   你今年多大岁数了？

6. ne mini se hai asikan
   现在 我 岁数 还 小
   我现在岁数还小。

7. ere aniya bi teniken dʒuwan nadan se oho bi
   这 年 我 才 十 七 岁 成 是
   我今年才十七岁。

8. bi otʃi emhun niyalma
   我 是 独 人
   我是独身。

9. tere emhun erebe tʃihalambi
   他 只 这 喜欢
   他只喜欢这个。

第六课　婚姻

10. sini   ahūn   holboho   nio
    你的   哥哥   婚结了   吗
    你哥哥结婚了吗？

11. ini   holbokū
    他   结婚没
    他没有结婚。

12. tuttu   seme   mini   ahūn   naraʃame   buyerebe   gisurehe
    但   是   我的   哥哥   爱   恋   谈了
    但是，我哥哥已经谈恋爱了。

13. akūn   emgeri   emu   sargandʒui deri   gisurembi
    哥哥   已经   一   女孩   谈了
    哥哥已和一位女孩谈恋爱了。

14. tese   naraʃame   buyerefi   udu   aniya   oho
    他们   爱   恋   几   年   成了
    他们恋爱几年了？

15. emgeri   ilan   aniya   oho   sembi
    已经   三   年   成了   据说
    据说已经三年了。

37

16. sikse tese holboho sembi
    昨天　他们　结婚了　据说
    据说昨天他们结婚了。

17. sarinbe yabubuha nio
    婚宴　　举办了　吗
    （他们）举办婚宴了吗？

18. tese holboni sarinbe yabubuha
    他们　结婚　　婚礼　　举办了
    他们举办了婚宴。

19. aibide sarinbe yabubuha
    哪里　　婚宴　　举办
    （他们）在哪里举办了婚宴？

20. beyei da bade sarinbe yabubuha
    自己　老　家　婚宴　　举办
    （他们）在自己老家举办了婚宴。

21. sini ahūni sarin saikan yabubuha nio
    你的　哥哥的　婚宴　美好　举办了　吗
    你哥哥的婚宴举办得完满吗？

第六课　婚姻

22. umesi　saikan　sarin　oho
　　非常　　漂亮　　婚宴　　成了
　　婚宴办得非常完美。

23. mandʒu　uksurai　dʒalande　ulabuha　sarini　an　tatʃin　bimbi
　　满　　　族　　　世　　　　传　　　　婚宴　　原来　习俗　　有
　　有满族世代相传的传统婚宴习俗。

24. dʒai　nei　dʒalani　sarini　entʃuhenge　bimbi
　　也　　现　　世的　　　婚宴　　特点　　　　　有
　　也有现代婚宴特点。

25. ere　otʃi　emu　itʃe　fe　tatʃin　ishunde　hūwaliyaha　sarin　ombi
　　这　　是　　一　　新　　旧　习俗　　相互　　　交融的　　　　婚宴　　成
　　这是一个新旧习俗相互交融的婚宴。

26. tuttu　ohode　toktofi　dʒatʃi　saikan　sarin　oho
　　那　　　是　　　肯定　　非常　　美好　　婚宴　　成
　　那肯定是非常美好的婚宴。

27. labdu　niyalma　dʒihe　nio
　　多　　　人　　　　来了　　吗
　　来的人多吗？

39

28. dʒatʃi   labdu   niyalma   dʒihe
    非常   多   人   来了
    来了非常多的人。

29. geren   niyalma   gemu   itʃe   holboho   eigen   sargani
    众   人   都   新   婚   夫   妇

    hūturibe   dʒalbarimbi
    幸福   祝贺
    大家都祝新婚夫妇幸福。

第七课

nadatʃi kitʃen

boo ūlen

房屋

1. mandʒu uksurai dʒalande ulabuha boo ūlen otʃi ai giru
   满　族　　世　传　　房屋　是　何　样子
   满族世代相传的房屋是什么样子？

2. mandʒu uksurai dʒalande ulabuha boo ūlen umesi labdu bi
   满　族　　世　传　　房屋　很　多　有
   满族传统房屋有很多。

3. tuttu seme gaʃan tokso dʒai hotoni boo ūlen adali akū
   但　是　乡　村　和　城里的　房屋　一样　不
   但是，乡村和城里的房屋不一样。

4. neneme erinde mandʒu niyalma ai   boode teheme bihe
   原先   时   满族   人   什么 房子   住   在
   满族人原先住的是什么房子？

5. amargi ba tuweri dʒatʃi ʃahūrun
   北   方   冬天   非常   寒冷
   北方的冬天非常寒冷。

6. tuttu ofi tuweri amargi bai mandʒu niyalma lifagan boode tembihe
   那样   成   冬季   北   方的 满族   人   泥土   房   住在
   因此，北方的满族人住在土房里。

7. lifagan boo tuweri umesi halukan
   泥土   房   冬天   很   暖和
   土房冬天很暖和。

8. eretʃi tulgiyen dʒuwari kemuni serguwen
   此   外   夏天   还   凉快
   另外，夏天还凉快。

9. lafagan boo otʃi tuweri halukan dʒuwari serguwen
   泥土   房   是   冬   暖   夏   凉
   土房冬暖夏凉。

10. lifagan boo dergide gemu olhoho orho sektembi
    泥土　房　上面　都　干　草　盖满
    土房上面都要铺满干草。

11. tuttu ofi boo dolo ele halukan
    那样　成　屋　里　更　暖和
    这样一来，屋子里更暖和。

12. boo dolo udu giyalan bi
    房子　里　几个　间隔　有
    房子里有几个隔间？

13. arsari gemu ilan giyalan bi
    一般　都　三个　间隔　有
    一般都有三个隔间。

14. dergi giyalan dʒai wargi giyalan bi
    东面　隔间　和　西面　隔间　有
    有东隔间和西隔间。

15. teretʃi guwa budai boo bi
    其　外　饭　屋　有
    另外，还有厨房。

16. mandʒu niyalmai boo gemu ʃuntʃi forombi
    满族　人的　　房子　都　阳　　朝
    满族人的房子都朝阳。

17. booi giyalan gemu amba fa bi
    屋子　房间　都　大　窗户　有
    屋子的房间里都有大窗户。

18. dergi giyalan dʒai wargi giyalande gemu tuwai nahan bi
    东面　隔间　　和　西面　隔间　　都　　火　　炕　有
    东隔间和西隔间都有火炕。

19. tuwai nahande gemu deidʒiku dabumbi
    火　　炕里　　都　柴火　　烧
    火炕都烧柴火。

20. tuwai nahan dergide derhi sektembi
    火　　炕　　上面　席子　铺
    火炕上面要铺席子。

21. nahani udʒande gemu hetureme sindaha amba moo guise bi
    炕的　尽头　　都　横　　　放的　　大　木　柜子　有
    炕的尽头都有横放着的大木柜子。

22. nahani dergide dʒai makdʒan durbedʒeŋge moo dere bi
    炕   上面   还   矮的   四方的   木 桌子 有
    炕上面还有矮的四方木桌子。

23. tesei boo dolo gemu eye bi
    他们 房子 里 都 地窖 有
    他们房内都有地窖。

24. geren hatʃin dʒetere dʒaka iktambume asarambi
    各种 各样 食 物 积存 储藏
    储藏各种各样的食物。

25. lifagan booi hūlan booi dergi ashande bi
    泥土 房的 烟囱 房子 东 侧 有
    土房烟囱在房子的东侧。

26. eretʃi tulgiyen tese kemuni alinbe nikeme tembi
    此 外 他们 经常 山 依 居住
    另外，他们常常依山而居。

27. embihede birai ektʃinde terebe tʃihalambi
    有时 河 岸 居住
    （他们）有时喜欢居住在河岸上。

28. tuttu　bime　nei　mandʒu　niyalma　gemu　feise　wase
    那　　是　　现在　满族　　人　　　都　　砖　　瓦
    taktu　boode　tembi
    楼　　　房　　　住
    然而，现在的满族人都住砖瓦楼房。

29. tesei　teme　bire　boo　dʒatʃi　gintʃihiyan　saikan
    他们　住　　在的　房子　非常　　华丽　　　漂亮
    他们住的房子非常华丽。

30. mandʒu　niyalma　ne　erini　bandʒirenge　umesi　saikan
    满族　　　人　　　新　时代　生活　　　　很　　　美好
    满族人新时代的生活很美好。

第八课

dʒakūtʃi   kitʃen

boo   i   baita
家庭   的   事
家事

1. ere sini boo nio
   这 你   家 吗
   这是你家吗？

2. mudʒaŋa ere otʃi mini boo
   是的   这 是 我的 家
   是的，这是我家。

3. sini boode udu aŋala bi
   你的 家   几   口   有
   你家有几口人？

4. niŋgun aŋgala niyalma bi
   六　　口　　　人　　　有
   （我家）有六口人。

5. ai ai niyalma bi
   什么 什么 人 有
   （你家）有什么人？

6. mini boode ama eme ʤai bi bimbi
   我的 家里 爸爸 妈妈 和 我 有
   我家有爸爸、妈妈和我。

7. eretʃi tulgiyen ai niyalma bi
   此　　外　　　什么 人　　有
   另外还有什么人？

8. sinde ahūn deo eyun non bi nio
   你　 兄　 弟 姐　 妹 有 吗
   你有兄弟姐妹吗？

9. minde ahūn ʤai deo gemu akū
   我　　兄　 和　 弟　都　 没有
   我没有哥哥和弟弟。

第八课 家事

10. tuttu ohode sinde eyun bi nio
    那么 成 你 姐姐 有 吗
    那么，你有姐姐吗？

11. minde eyun inu akū
    我 姐姐 也 没有
    我也没有姐姐。

12. non bi nio
    妹妹 有 吗
    有妹妹吗？

13. minde emu adʒige non bimbi
    我 一 小 妹妹 有
    我有一个小妹妹。

14. sini adʒige non udu se oho
    你的 小 妹妹 多少 岁 成了
    你小妹妹多大岁数了？

15. sini boo ya bade bi
    你的 家 哪 地方 在
    你家在哪里？

16. meni boo hotonde bi
    我们的 家 城 在
    我们家在城里。

17. terei boo ere hotoni dʒulergi ergide bi
    他的 家 这 城市的 南 边 在
    他家在这个城市的南边。

18. ere hotoni gebube ai sembi
    这 城市的 名字 什么 叫
    这个城市叫什么名字?

19. hotoni gebu otʃi mukden sembi
    城市的 名称 是 沈阳 叫
    城市的名称是沈阳。

20. mukden hoton otʃi emu amba hoton inu
    沈阳 城 是 一个 大 城 成
    沈阳是一个大城市。

21. sinde udu ahūn deo bi
    你 几个 兄 弟 有
    你有几个兄弟?

第八课 家事

22. bi otʃi emteli dʒui ombi
    我 是 一个 孩子 成
    我是独生子。

23. terei ama otʃi emu bithesi
    他 父亲 是 一位 文人
    他爸爸是一位文人。

24. eme otʃi albani weilesi
    妈妈 是 公家 职工
    妈妈是公务员。

25. sini boode kemuni gūwa niyalma binio
    你 家里 还 其他 人 有吗
    你家里还有其他人吗?

26. minde yeye dʒai mama bi
    我 爷爷 和 奶奶 有
    我有爷爷和奶奶。

27. tese gemu weilenderi ergehebi
    他们 都 工作 休息
    他们都退休了。

28. si　　ai　　weilen　arambi
　　你　什么　　工　　　做
　　你做什么工作？

29. bi　　otʃi　emu　tatʃisi
　　我　　是　一名　学生
　　我是一名学生。

第九课

uyutʃi   kitʃen

dʒeme   omire   baita
吃   喝   事
         饮食

1. si buda dʒeke nio
   你 饭   吃了   吗
   你吃饭了吗?

2. akū   bi kemuni buda dʒetere unde
   没有 我 还   饭   吃   尚未
   没有,我还没吃饭呢。

3. bi emgeri dʒeme wadʒiha
   我 已经   吃   完了
   我已经吃过了。

4. si erdei budabe dʒeme wadʒiha nio
   你 早 餐 吃 完了 吗
   你吃过早餐了吗？

5. tere erde ai buda dʒekeni
   他 早 什么 饭 吃了
   他早上吃了什么饭？

6. age efen dʒeme uyan buda omiha
   哥 饽饽 吃 稀 饭 喝了
   哥哥吃了饽饽，喝了稀饭。

7. adʒige non emu moro sun omiha
   小 妹 一 杯 奶 喝了
   小妹妹喝了一杯奶。

8. ama erde dari gemu sun tʃai omimbi
   爸爸 早 每 都 奶 茶 喝
   爸爸每天早上都喝奶茶。

9. tuttu bime eme sun tʃai omirebe tʃihalakū
   那样 是 妈妈 奶 茶 喝 喜欢不
   然而，妈妈不喜欢喝奶茶。

第九课 饮食

10. sini eme umhan dʒembio
    你的 妈妈 鸡蛋 吃 吗
    你妈妈吃鸡蛋吗？

11. tese boo erde uyan buda omime mantu dʒai umhan dʒembi
    他们 家 早晨 汤 饭 喝 馒头 和 鸡蛋 吃
    他们家里早餐喝粥，吃馒头和鸡蛋。

12. bi amba muru dʒuwan dʒuwetʃi erinde inengi buda dʒembi
    我 大 约 十 二 时 日 饭 吃
    我大约在12点吃午饭。

13. suwe inengi dulinde gemu ai buda dʒembini
    你们 日 中 都 什么 饭 吃
    你们中午都吃什么饭？

14. inengi dulinde gemu ufa dʒemenge dʒembi
    日 中 都 面 食 吃
    （我们）中午都吃面食。

15. mini non inengi dulinde umesi komso dʒembi
    我的 妹 日 午 饭 少 吃
    我妹妹午饭吃得很少。

55

16. utala niyalma inengi dulinde sun tʃai omime falha efen dʒembi
    许多 人   日   午   奶 茶   喝   发面 饽饽 吃
    许多人午饭喝奶茶、吃饽饽。

17. yamdʒi budabe atangi dʒembi
    晚   饭   几点钟 吃
    几点吃晚饭？

18. yamdʒi budabe amba muru ningutʃi erinde dʒembi
    晚   饭   大   概   六   点   吃
    大概六点吃晚饭。

19. yamdʒi budai bele buda dʒai tʃolaha sogibe labdu dʒehebi
    晚   餐   米   饭   和   炒   菜   多   吃
    晚餐吃了不少米饭与炒菜。

20. emei araha sogi entʃushūn amtan simten bi
    妈妈 做   菜   特别   滋味 美味   有
    妈妈做的菜特别有味道。

21. age daruhai tulergide buda dʒefi boode bederembi
    哥哥 常常   外面   饭   吃   家   回
    哥哥常常在外面吃完饭回家。

22. mini etʃike arki omirebe umesi tʃihalambi
    我 叔叔 酒 喝   非常 喜欢
    我叔叔非常喜欢喝酒。

23. tere niyalma arki omirebe tʃihalarakū
    那   人   酒   喝   不喜欢
    那个人不喜欢喝酒。

24. ere hantʃide budai taŋgin bio
    这 附近   餐   厅   有吗
    这附近有餐厅吗？

25. erede buda dʒetere ba bi nio
    这里 饭   吃的   地方 有 吗
    这里有吃饭的地方吗？

26. dʒugūn tʃargide budai ba bi
    马路   那面   餐   地 有
    马路那面有吃饭的地方。

27. ere otʃi budai ba
    这 是 餐   厅
    这是餐厅。

28. minde emu tampin tʃai buki
    我   一   壶   茶   给
    请给我上一壶茶。

29. bi emu moro ihan i yali i berhen buda gaimbi
    我 一   碗   牛 肉   面   饭   要
    我想要一碗牛肉面。

30. ere budai bai buda dʒai sogi umesi amtaŋa
    这 餐厅的   饭   和   菜   非常   好
    这家餐厅的饭菜非常美味。

第十课

dʒuwantʃi kitʃen

etuku mijamigan
服　饰
服饰

1. mandʒu uksurade suduri goro golmin etukui miyamigan ʃuwen bihebi
   满　族　　历史　长　远　　衣服　装饰　　文化　有
   满族有历史悠久的服饰文化。

2. tesei etukui miyamigan umesi uksurai tʃuktoshūn bi
   他们　衣服　服饰　　非常　民族　　特色　　有
   他们的服饰很有民族特色。

3. mandʒu uksurai ulabun tatʃin etukui miyamigan ai hatʃin duwali biheni
   满　族　　传　习俗　衣服　装饰　　什么　款式　种类　有
   满族传统服饰有什么款式和种类？

4. fundeleŋge sidʑigiyan bihebi
   代表　　　旗装　　　　有
   有代表性的旗装。

5. sidʑigiyanbe oyoŋgo hehesi etumbi
   旗装　　　　主要　　女人　　穿
   妇女们主要是穿旗装。

6. mandʑu uksurai adʑige sargan dʑui inu sidʑigiyanbe etumbi nio
   满　　　族　　　小　　女　　　孩　也　旗装　　　　穿　　　是
   满族小女孩也穿旗装吗？

7. adʑige sargan dʑui gemu sidʑigiyanbe etume ombi
   小　　　女　　　孩　　都　　旗装　　　　穿　　可以
   小女孩也可以穿旗装。

8. hehesi eture sidʑigiyanbe bosoi mutun embitʃi suri sudʑebe
   女　　穿　　旗装　　　　　布　　材料　或　　　丝　　绸
   baitalame ufime arame ombi
   用　　　　缝　　　制　　做
   妇女穿用布料或绸缎缝制的旗装。

第十课 服饰

9. tesei   etuhe   sidʒigiyan   dele   geren   hatʃin   hotʃikon
   她们   穿   旗装   上   各   种   美好

   ildamu   niruganbe   ʃeolehebi
   伶俐   画   绣

   她们穿的旗装上绣有各种美丽的图案。

10. mandʒu   uksurai   hahaside   ulabun   tatʃini   etukui   miyamigan   bihenio
    满   族   男   传统   习俗   衣服   饰   有 吗

    满族男子有传统服饰吗?

11. hahaside   inu   ini   beyei   ulabun   tatʃin   etukui   miyamigan   bihebi
    男   也   他   自身   传统   习俗   衣服   装饰   有

    (满族)男子也有自己的传统服饰。

12. tese   datʃideri   inu   gemu   tʃamtʃi   etumbi
    他们   早期从   也   都   长袍   穿

    他们早期也都穿长袍。

13. dʒuwaride   etuhenge   otʃi   emursu   bosoi   mutuni   tʃamtʃibe   etumbi
    夏天时   穿的   是   单   布料   料   长袍   穿

    夏天穿的是单布料长袍。

14. tuweride etuheŋge kubun bosoi mutun tʃamtʃibe etumbi
    冬天 穿 棉 布 料 长袍 穿
    inu kubuŋge tʃamtʃi sembi
    也 棉 长袍 叫
    冬天穿棉布料长袍，也就叫棉长袍。

15. tesei tʃamtʃi i bosoi mutun ai hatʃin fiyan botʃo biheni
    他们 长袍 布料 何 种 颜 色 有
    他们的长袍布料有什么颜色？

16. oyoŋgo yatʃin lamun eiheri bosoi mutun embitʃi
    主要 青 蓝 棕 布 料 或
    suri sudʒei araha etukui mutun bihebi
    丝 绸 制 穿 料 有
    主要有青、蓝、棕色布料或绸缎做衣料。

17. tese tʃamtʃi eture erinde urunakū umiyesun umiyelembi
    他们 长袍 穿 时候 必须 腰带 系腰带
    他们穿长袍时要系腰带。

18. mandʒu uksurai hahasi hehesi gemu guwalasun etume tʃihalambi
    满族 族 男 女 都 坎肩 穿 爱
    满族男女都喜欢穿坎肩。

第十课　服饰

19. hahasi i etuhe guwalasun mohorkū akū ulhi akū
    男人   穿   坎肩   领子   无   袖子 无
    adasun dʒergi entʃushūn bihebi
    对襟   等   特色   有
    男人穿的坎肩有无领、无袖、对襟等样式。

20. hehesi i etuhe guwalasunde kemuni ilha ʃeolehe heʃen bi
    女人   穿   坎肩   都   花   绣   边   有
    妇女穿的坎肩还有绣花边。

21. mandʒu uksurai guwalasunbe urunakū tʃamtʃi i tulergide etumbi
    满族   族   坎肩   必须   长袍 外   穿
    满族的坎肩要穿在长袍的外面。

22. guwalasun tʃak sere ʃahūrunbe sudʒame dalire baitalabun bi
    坎肩   凛   冽   严寒   抵住   阻挡   作用   有
    坎肩有抵挡和抵御严寒的作用。

23. tese kemuni adasun bihe olbobe etume tʃihalambi
    他们 还   对襟   有   马褂   穿   喜欢
    他们还喜欢穿对襟马褂。

63

24. olbobe ele labdu erinde morilaha erinde etumbi
    马褂　更　多　时　骑马　时　穿
    马褂更多的时候是骑马时穿。

25. kemuni olbobe tʃamtʃi i tukude etumbi
    而且　马褂　长袍　外边　穿
    而且，马褂穿在长袍外面。

26. hahasi kemuni fatha ulhibe ashambi
    男人　还　马蹄　袖　戴
    男的还戴马蹄袖。

27. dulekede mandʒu uksurai hahasi hehesi gemu mahala
    过去　满　族　男　女　都　帽佩戴
    ashara bihebi
    习惯　有
    过去满族男女都习惯戴帽子。

28. aniyai duin forgonde ashara mahala gemu adali akū
    年　四　季节　戴　帽子　都　一样　不
    一年四季戴的帽子都不一样。

第十课　服饰

29. tesei   mahala   niŋgude   kemuni   yasade   iletu   sabure
    他们   帽子   上面   还   目   明显   感觉
    fulgiyan   sorson   bihebi
    红   帽缨   有
    他们的帽子上还有很醒目的"红缨"。

30. mandʒu   uksura   niyalma   bosoi   sabu   eturebe   tʃihalambi
    满   族   任   布   鞋   穿   爱
    满族人喜欢穿布鞋。

31. hahasi i   bosoi   sabube   yatʃin   bosoi   mutunbe   baitalame
    男   布   鞋   青   布   料   用
    arambi   hehesi   geren   hatʃin   fiyan   bosoi   mutun
    缝制   女   都   各种   颜   布   料
    embitʃi   suri   sudʒebe   baitalame   arambi
    或   丝   绸   用   缝制
    男子穿的布鞋用黑布料缝制，女子穿的布鞋用各种颜色的布料或绸缎缝制。

32. hehesi   kemuni   ilha   ʃeolehe   bosoi   sabube   eturebe   tʃihalambi
    女   还   花   绣   布   鞋   穿   爱
    女子还喜欢穿绣花布鞋。

33. te   mandʒu   uksurai   sidʒigiyan   dʒergi   etukui
   现在   满   族   旗袍   等   衣物
   miyamigan   niyalmai   biretei   tʃihalara   etukui   miyamigan
   服饰   人   广泛   喜爱   衣物   服饰
   ohobi
   成为

现在满族旗装等服饰已演变成人们广泛喜爱的服饰。

第十一课

ʤuwan emutʃi kitʃen

tatʃikū
学校

1. ere otʃi tatʃikū nio
   这 是 学校 吗
   这是学校吗？

2. uru ere otʃi emu adʒige tatʃikū
   是的 这 是 一 小 学校
   是的，这是一所小学。

3. tere otʃi emu umesi gebuŋge dulimbai tatʃikū
   那 是 一 很 名有的 中 学校
   那是一所很有名的中学。

4. dulimbai tatʃikūi dalbade amba tatʃikū bi
   中　　学校　　旁边　　大　　学校　有
   中学旁边有所大学。

5. tere otʃi emu ton i sefu
   他　是　一　数学　老师
   他是一位数学老师。

6. terei kitʃen giyaŋnahaŋge umesi sain
   他　　课　　讲　　　　　很　　好
   他讲课很好。

7. tatʃisi ini kitʃenbe dondʒirebe tʃihalambi
   学生　他的　课　　听　　　　愿意
   学生愿意听他讲课。

8. sini ama sefu nio
   你　父亲　老师　吗
   你父亲是老师吗？

9. ama otʃi alban urse
   父亲　是　公务　人员
   （我）父亲是公务员。

10. tuttu otʃi sini eme sefu nio
    那   是   你的 母亲 老师 吗
    那么，你母亲是老师吗？

11. mini eme inu sefu waka
    我   妈妈 也 老师 不是
    我妈妈也不是老师。

12. tere inəŋgidari booi baita arambi
    她   天每   家   事   做
    她每天做家务。

13. sini etʃike ai baita arambi
    你   叔叔   什么 事   做
    你叔叔是做什么的？

14. tere otʃi emu sefu
    他   是   一 老师
    他是一位老师。

15. etʃike ere adʒige tatʃikūi sefu nio
    叔叔   这   小   学   老师 吗
    （你）叔叔是这个小学的老师吗？

16. waka tere otʃi dulimbai tatʃikūi sefu ombi
　　不是　他　是　中　　　学　　老师　成
　　不是，他是中学老师。

17. tere inengidari kitʃen bi
　　他　　天每　　课　　有
　　他每天都有课。

18. ai kitʃen tatʃibumbi
　　什么　课　　教
　　他教什么课？

19. gisun hergeni kitʃen tatʃibumbi
　　语　　文　　课　　教
　　（他）教语文课。

20. ai gisun hergeni kitʃen tatʃibumbi
　　什么　语　　文　　课　　教
　　教哪种语文课？

21. tere nikan gisun hergeni kitʃen tatʃibumbi
　　他　　汉　　语　　文　　课　　教
　　他教的是汉语文课。

22. sini uhume inu dulimbai tatʃikūde kitʃen tatʃibumbio
    你 姆子 也   中   学   课   教吗
    你姆子也在中学教书吗？

23. uhume otʃi amba tatʃikūi sefu
    姆子   是   大   学   老师
    （我）姆子是大学老师。

24. ere tatʃikūde bithe tʃagan labdu bi nio
    这   学校   书   籍   多   有 吗
    这所学校里书籍多吗？

25. tatʃikūi bithe tʃagan labdu entʃu inu hatʃiŋa
    学校   书   籍   多   另外 还   各类
    bithe tʃagan bi
    书   籍   有
    学校有很多书，种类丰富。

26. ere otʃi musei tatʃikūi boo
    这   是   我们 学校   房子
    这是我们的校舍。

27. aja suweni tatʃikūi boo dʒiŋkini saikan
    啊呀 你们 学校的 房子 真 漂亮
    啊呀，你们的校舍真漂亮。

28. suweni tatʃikūi bithe hūlara boo aibide bi
    你们 学校 书 读 房 哪里 在
    你们学校的教室在哪里？

29. tere amba boo otʃi musei bithe hūlara boo
    那 大 房子 是 我们 书 读 房子
    那个大房子是我们的教室。

30. suweni bithe hūlara boo umesi amba
    你们 书 读 房子 真 大
    你们学校的教室真大。

31. ere tatʃikū otʃi emu gebu algin tatʃikū ombi
    这 学校 是 一 名 望 学校 成
    这是一所有名的学校。

32. tatʃikūi tatʃisi gemu tatʃirede hūsutulembi
    学校 学生们 都 学习 努力
    学校的学生们都努力学习。

33. tatʃisi gemu saikan tatʃirebe dʒalbarimbi
    学生   都   好好   学习   祝愿
    祝愿学生们都好好学习。

第十二课

dʒuwan dʒuwetʃi kitʃen

weilen
工作

1. si weilehe nio
   你 工作了 吗
   你工作了吗？

2. kemuni weilen akū
   还 工作 没
   我还没有工作。

3. bi ere aniya arkan dʒuwan niŋgun se oho
   我 这 年 刚刚 十 六 岁 成了
   我今年才刚满十六岁。

第十二课 工作

4. bi dʒuwan uyun se ofi weilende adanambi
   我 十 九 岁 成 工作 参加
   我十九岁参加工作。

5. mini age emgeri weilende adanaha
   我 哥哥 已经 工作 参加了
   我哥哥已经参加工作了。

6. tere dʒidere aniya weilende adanambi
   他 来 年 工作 参加
   他明年参加工作。

7. sini age aibide weilembi
   你 哥 哪儿 工作
   你哥哥在哪儿工作？

8. yamunde albani weilenbe weilembi
   政府 公务 做
   （他）在政府部门做公务员。

9. age emu sain weilen bahaha
   他 一 好 工作 找到了
   哥哥找到了一份好的工作。

75

10. sini eyun ai erin weilende adanaha
    你 姐姐 何 时 工作 参加
    你姐姐什么时候参加工作的？

11. duleke aniya weilehe
    过去 年 工作了
    去年工作了。

12. sini age erdei udu erinde weilende genembi
    你 哥 早上 几 时 工作 去
    你哥哥早上几点去上班？

13. i erdedari dʒakūn erinde weilenembi
    他 早每 八 时 工作去
    他每天早上八点上班。

14. suwe inu inengidari dʒakūn erinde weilembio
    你们 也 天每 八 时 工作吗
    你们也是每天工作八个小时吗？

15. mudʒaŋga ere otʃi toktobun
    对的 这 是 规定
    对的，这是规定。

第十二课 工作

16. sini deheme ai arambi
    你 姨妈 什么 做
    你姨妈是做什么的？

17. i otʃi emu sise utʃulesi
    她 是 一 戏 唱者
    她是一位戏曲演员。

18. mini dehema otʃi tʃisui oktosi
    我的 姨父 是 私的 医生
    我的姨父是私人医生。

19. dehemai oktosilara erdemu umesi den ʃumin
    姨父   医   术   很   高   深
    姨父的医术很高深。

20. tere otʃi emu algiŋga oktosi
    他 是 一 有名望 医生
    他是一位有名望的医生。

21. tese weileme generede sedʒende tembi nio
    他们 工作   去   车   乘坐   吗
    他们乘车去上班吗？

22. dʒatʃi labdu erinde sedʒende tembi
    很   多   时   车   乘坐
    大多时候乘车。

23. ai sedʒende tembi nio
    什么 车   乘坐 呀
    乘坐什么车呀？

24. kemuni morin sedʒende tembi
    经常   马   车   乘坐
    经常乘坐马车。

25. ememu erinde morin yalumbi
    有的   时候   马   骑
    有的时候骑马。

26. tuweri inengi morin farade tembi
    冬   天   马   爬犁   乘坐
    冬天要乘坐马爬犁。

27. suweni saikan weilerebe dʒalbarimbi
    你   好好   工作   希望
    希望你好好工作。

28. muse gemu hūsutuleme weilembi
    我们 都 努力 工作
    我们都要努力工作。

第十三课

ʤuwan ilatʃi kitʃen

usin hethei aramtutʃiburenge
农　　产业　　　生产
农业生产

1. manʤu uksura umesi erde usin tarime deribuhebi
   满　　族　　非常　早　田　　种　　开始
   满族很早就开始种田。

2. tese otʃi amargi bai niyalma inu
   他们 是　北　　地　人　　　是
   他们是北方人。

3. amargi bade huwekiŋge usin na bimbi
   北　　方　　肥沃　　　田　地　有
   北方有肥沃的土地。

第十三课 农业生产

4. ere bade usin hethei aramtuʧibusude aʧuhūn aʧanambi
   此 地 农 产业 生产 和睦 适合
   这个地方特别适合进行农业生产。

5. mandʒu uksurai bandʒire bai duin forgon ileken ilgabumbi
   满族 族 生活 地 四 季 明确 分辨
   满族生活地区四季分明。

6. tuttu biʧibe amargi bai tuweri abkai sukdun
   但 是 北方 冬 天 气
   beikuwen ʃahūrun
   寒 冷
   但是,北方冬天天气寒冷。

7. ubai geʧen akū bilgan mudʒakū foholon
   这里 霜 无 期 相当 短
   这里的无霜期相当短。

8. uttu ofi tesei yayamu aniyai usin tarire
   这样 是 他们 每 年 田 种
   erin kemuŋge bihebi
   时 限 有
   所以,他们每年农耕时间有限。

9. tesei tarihaŋge otʃi amargi bai usin dʒeku inu
   他们 种 是 北 方 田 粮 是
   他们种的是北方农作物。

10. duŋbei bai mandʒu uksura ataŋgi usin tarime
    东北 地 满 族 何时 田 种
    deribuheni
    开始
    东北地区的满族什么时候开始种地?

11. yayamu aniyai 3 biyade
    每 年 3 月
    每年的3月。

12. emumu ba niŋge 4 biya tuktande teni usin tarime
    一些 地方 4 月 初 才 田 种
    deribumbi
    开始
    有的地方4月初才开始种田。

13. tesei usin ekʃere erin forgon otʃi udu biya bihebi
    他们 田 忙 时 季 是 几 月 是
    他们的农忙时节是几个月?

14. niyeŋniyeri forgoni duin biyai tuktanderi sundʒa
    春天   季   四   月   初从   五

    biyai sidende
    月   中间

    在春天的4月初到5月之间。

15. emu biya fulu erin baitalambi
    一   月   多   时间 需要

    需要一个多月时间。

16. bolori inu otʃi usin i ekʃere forgon inu
    秋天   也   是   农   忙   季节   是

    秋天也是农忙季节吗？

17. esi bolori inu bolori bargiyara erinde inu
    正是 秋   也   秋   收   时   也

    umesi ekʃembi
    非常   忙

    对，秋收时也很忙。

18. mandʒu uksurai niyalma ai usin dʒekube tarimbini
    满   族   人   什么 粮   食   种
    满族人种什么粮食？

19. tese oyoŋgo maise handu ʃuʃu turi dʒergi
    他们 主要   麦子   稻子 高粱 黄豆 等
    dʒeku be tarimbi
    粮食   把 种
    他们主要种小麦、稻子、高粱、大豆等。

20. gūwa kemuni ai usin dʒeku be tarimbini
    其他 还   什么 田   粮食 把 种
    还种其他什么粮食？

21. amtaŋga mursa hūʃadʒu turi hoho lafu sogi
    甜   菜   芋头   豆角   白菜
    mursa nasan heŋke dʒergibe tarireŋe umesi
    萝卜   黄瓜   等   种的   非常
    ambula bimbi
    多   有
    种甜菜、土豆、豆角、白菜、萝卜、黄瓜等，种类很多。

第十三课 农业生产

22. tesei ulabun tatʃini usin agūra ai dʒergi biheni
    他们 传 学 农 工具 什么 等 有
    他们有哪些传统农具？

23. ojoŋgo andʒa hadufun tʃoo ʃoro dʒergi usin i
    主要 犁耙 镰刀 锹 筐 等 农
    agūra bihebi
    工具 有
    主要有犁耙、镰刀、铁锹、筐等农具。

24. uthai ere dʒergi usin agūra bihenio
    就 这 等 农 工具 有吗
    就这些农具吗？

25. kemuni umesi labdu ulandʒihaŋa usin agūra bi
    还 非常 多 传统的 农 工具 有
    还有很多传统农具。

26. mandʒu uksura niyalmade usin ʃolo forgon binio
    满族 人 农 闲 季节 有吗
    满族人有农闲季节吗？

27. turgun otʃi tuweride ʃahūrun beiguwende usin
    原因 是 冬季 寒 冷 粮

85

dʒeku   bandʒirakū
食   生不

因为冬天寒冷不长农作物。

28. tuweride   usin   dʒekube   tarime   tebure   arga   akū
    冬季   粮   食   种   植   计   无

    冬天没有办法种植农作物。

29. tuttu   ofi   mandʒu   uksura   niyalmade   usin i   ʃolo
    其   是   满   族   人   农   闲

    forgon   bimbi
    季节   有

    所以，满族人有农闲季节。

30. tesei   usin i   ʃolo   forgon   otʃi   dʒuwan
    他们   农   闲   季节   是   十

    biyai   dulimba   dʒuwan   inengi tʃi   deribume   embitʃi
    月   中   十   日   开始   或

    dʒuwan   biyai   manaʃūn tʃi   deribumbi
    十   月   底   开始

    他们的农闲季节从10月中旬或10月底开始。

第十三课　农业生产

31. ishun   aniyai   ilan   biya   dulimbai   dʒuwan   ineŋi
    次   年   三   月   中   十   日
    embitʃi   duin   biyai   itʃereme   ʃoʃombi
    或   四   月   初   结束
    到第二年的3月中旬或4月初结束。

32. usin i   ʃolo   forgon   duin   biya   fulu   embitʃi   sundʒa
    农   闲   季节   四   月   过   或   五
    biya   bimbi
    月   有
    农闲季节有四个多月或五个月。

33. tese   usin i   ʃolo   forgonde   ai   weilen   arambi
    他们   农   闲   季节   什么 活儿   做
    他们在农闲季节干什么活儿？

34. fusembume   udʒire   okto   orho   gurure   usinde
    繁殖   养   药   草   采   农
    baitalara   agūrabe   dasatame   dʒai   dabkime   weilen
    作用   器具   修理   和   加工   工作
    dʒergi   baitabe   arambi
    等   事   做
    做养殖、弄草药、修理和加工农用工具等。

35. mandʒu uksura niyalma dulekede gemu niyalmai
    满   族   人   过去   都   人力
    hūsun i usin tarimbi
    农   种
    满族人过去都是人工种田。

36. nei mandʒu uksura ne dʒalan i faksi erdemu be
    现在 满   族   现 代   技巧 技术
    baitalame usin tarihai ne dʒalan i usin hethei
    用   田   种   现 代   农   业
    badarara taŋkande dosihabi
    发展   阶段   迈入
    满族现在用机械化种田，迈入现代农业发展阶段。

第十四课

dʒuwan   duitʃi   kitʃen

sain   gutʃu
好的   朋友
好朋友

1. muse otʃi sain gutʃu
   我们 是 好 朋友
   我们是好朋友。

2. muse ishunde takanduki
   我们 相互 认识
   我们相互认识一下。

3. ombi si sain nio
   行 你 好 吗
   好呀，你好吗？

4. bi umesi sain
   我 很 好
   我很好。

5. si ai uksurai niyalma
   你 哪个 民族 人
   你是哪族人?

6. bi otʃi mandʒu niyalma
   我 是 满族 人
   我是满族人。

7. si ai bade weilen arambi nio
   你 什么 地方 工作 做 呢
   你在什么地方工作呢?

8. bi bedʒiŋde weilen arambi
   我 北京 工作 做
   我在北京工作。

9. si da bai boo yabade bi
   你 原 地 家 哪里 在
   你老家在哪里?

10. mini da bai boo mukdende bi
    我   原地家   沈阳   在
    我老家在沈阳。

11. booi uŋgata da bai boode bi nio
    家的 长辈   原 地 家   在 吗
    家里的长辈在老家吗？

12. mudʒaŋga gemu mukdende bi
    对   都   沈阳   在
    对，都在沈阳。

13. si yamdʒishūnde ʃolo bi nio
    你 晚上   空   有 吗
    你晚上有空吗？

14. bi sinde ai baita bi nio
    有 你   什么 事   有 吗
    有，你有什么事吗？

15. sinde ʃolo bitʃi emu niyalmabe takabume buki
    你   空   有   一   人   介绍   给
    你有空的话，给你介绍一个人。

16. ere wetʃi
    这 是谁
    这是谁啊？

17. tere otʃi mini sain gutʃu
    他 是 我的 好 朋友
    他是我的好朋友。

18. ere niyalma otʃi umesi sain niyalma
    这 人 是 很 好的 人
    这是个很好的人。

19. bi simbe takahade umesi urgundʒembi
    我 你 认识 很 高兴
    认识你很高兴！

20. si dʒai bedʒiŋde bimbio
    你 也 北京 在 吗
    你也在北京吗？

21. mudʒaŋga bi bedʒiŋde bimbi
    是的 我 北京 在
    是的，我在北京。

22. tuttu ohode si bedʒiŋ hotoni niyalma nio
    那   成   你 北京   城的   人   吗
    那么，你是北京人吗？

23. uru bi otʃi bedʒiŋ ni niyalma ombi
    正确 我 是   北京   人   成
    对，我是北京人。

24. ere otʃi emu dʒatʃi amba hoton ombi
    这 是   一 特别   大的   城市   成
    这是一个特别大的城市。

25. hoton dolo umesi labdu den leose bi
    城   里   很   多   高   楼   有
    城里有很多高楼。

26. tuttu ohode si dʒai leose dolo tembi nio
    那   是   你 也   楼   里   住   吗
    那么，你也住在楼里吗？

27. mudʒaŋga bi emu umesi den leosede tembi
    是的   我 一   很   高的 楼   住
    是的，我住在一栋高楼里。

28. eretʃi amasi ʃolo bitʃi mini boode dʒifi efiki
    此   后   空   有的 我   家   来 玩
    以后有空的话来我家里玩。

29. eneŋgi simbe takahade dʒatʃi urgundʒembi
    今天   你   认识   非常   高兴
    今天认识你非常高兴。

30. eretʃi amasi muse sain gutʃu oho
    此   后   我们 好   朋友 成了
    从此以后我们就成了好朋友。

第十五课

tofohotʃi　kitʃen

dʒaka　udambi
物　　购
购物

1. eyun　si　eneŋgi　ʃolo　bi　nio
   姐姐　你　今天　空　有　吗
   姐姐你今天有空吗？

2. sinde　ʃolo　bitʃi　mini　emgi　giyaide　geneki
   你　空　有的　我　一起　街　去
   你有空的话，和我一起上街吧。

3. giyaide　genefi　ainambi
   街　去　干什么
   上街干什么？

4. geneme tuwara dabala oyoŋgo baita akū
   去　　看　　而已　　要紧的　事情　没有
   去看看而已，没什么要紧的事情。

5. tuttu otʃi bi generakū
   那样　成　我　去不
   那我不去了。

6. minde gūwa baita bi
   我　　其他　事情　有
   我有其他事情。

7. si giyaide genefi ai bade genembio
   你　街　　　去　什么　地方　去吗
   你上街是去什么地方吗？

8. bi puselide genembi
   我　商店　　去
   我去商店。

9. puselide genefi ai dʒaka udambio
   商店　　去　什么　东西　买吗
   去商店买什么东西吗？

10. madʑige baitalara dʑaka udambi
    一些   用   东西   买
    买一些日用品。

11. bi sinde emgi giyaide geneki
    我 你   一起 街   去吧
    我和你一起上街吧。

12. minde inu emu madʑige udara dʑaka bi
    我   也 一 点   买的 东西 有
    我也有些要买的东西。

13. si ai dʑaka udarabe gūnimbio
    你 什么 东西 买   想 吗
    你想买什么东西？

14. mini boode dabsun akū oho
    我   家里 盐   没有 成了
    我家里没有盐了。

15. puselideri emu fulhū dabsun gaimbi
    商店   一   袋   盐   买
    从商店买一袋盐。

16. kemuni gūwa dʒaka baitaŋa bimbio
    还   其他 东西   需要   有 吗
    还需要其他东西吗？

17. ildunde emu gin ʃatan gaimbi
    顺便   一   斤   糖   买
    顺便买一斤糖。

18. ombi dʒaka udaha dʒihabe minde buki
    行   东西   买的   钱   我   给
    行，把购物的钱给我。

19. tere niyalma ai dʒaka udambio
    那   人   什么 东西 买吗
    那人买什么东西吗？

20. bi sakū
    我 知道不
    我不知道。

21. si terederi tontokon fondʒiha
    你 她   直接   问
    你直接问她。

第十五课 购物

22. si ai udambio
 你 什么 买吗
 你买什么吗？

23. bi tʃai abdaha udame seme gūnimbi
 我 茶叶 买 是 想
 我想买茶叶。

24. ere puselide tʃai abdaha bimbio
 这 商店 茶叶 有吗
 这个商店里有茶叶吗？

25. musei puselide geren hatʃin durun kemuni tʃai
 我们 商店 各 类 样 式 茶

 abdaha bi
 叶 有
 我们商店里有各种各样的茶叶。

26. si ai tʃai abdaha udambio
 你 什么 茶 叶 买吗
 你买什么茶叶？

27. bi　emu　uhun　fulgijan　tʃai　abdaha　udambi
　　我　一　包　红的　茶　叶　买
　　我要买一包红茶。

28. ere　otʃi　tʃai　abdahai　udaha　dʑiha
　　这　是　茶　叶　买　钱
　　这是买茶叶的钱。

29. bi　sinde　umesi　baniha
　　我　你　非常　感谢
　　非常感谢你。

第十六课

dʒuwan niŋgutʃi kitʃen

hafunan ni agūra
交通　的　工具
交通工具

1. mandʒu uksurai ulabun tatʃin i hafunan agūra gemu
   满　　族　　传统　　习俗　　交通　　工具　都
   ai dʒergi biheni
   何　等　　有
   满族传统交通工具都有哪些？

2. morin morin sedʒen dʒai ihan sedʒen dʒergi bihebi
   马　　马　　车　　和　牛　　车　　等　　有
   有马、马车和牛车等。

3. ʃuwei oyoŋgo hafunan i agūra otʃi morin dʒai morin
   你们　重要的　交通　　工具　是　马　　和　马

sedʒen   inu
车   吗

你们重要的交通工具是马和马车吗？

4. tese   gemu   morilame   bahanambio
   他们   都   马骑   会 吗

   他们都会骑马吗？

5. hahasi   hehesi   gemu   morilame   bahanambi
   男的   女的   都   马骑   会

   男的女的都会骑马。

6. adʒige   dʒuse   inu   morilame   bahanambio
   小   孩   也   骑马   会吗

   小孩也会骑马吗？

7. sundʒa   se deri   wesihun   adʒige   dʒuse   gemu
   5   岁   以上的   小   孩   都

   morilame   bahanambi
   骑马   会

   5岁以上的小孩都会骑马。

8. mandʒu   uksurai   niyalma   inu   gemu   morin   sedʒen de
   满   族   人   也   都   马   车

第十六课 交通工具

teme tʃihalambi
坐　　喜欢
满族人也都喜欢乘坐马车。

9. morin sedʒen de kemuni tʃohotoi niyalma uʃara kotoli
　 马　　车　　还　　专门　　人　　拉　　篷
　 sedʒen bihebi
　 车　　　有
　 马车里还有专门拉人的篷车。

10. tesei kotoli sedʒen umesi saikan kemuni
　　 他们　篷　　车　　很　　漂亮　　还
　　 tuweri bulukan dʒuwari serguwen
　　 冬　　　暖　　　夏　　　凉
　　 他们的篷车很漂亮，还冬暖夏凉。

11. morilaha erinde gemu eŋgemu baitalambi
　　 马骑　　时　　都　　马鞍子　用
　　 骑马时都使用马鞍子。

12. eŋgemu de tefun tohoma olon dʒergi bihebi
　　 马鞍子　　马镫　鞍鞴　鞍带　等　　有
　　 马鞍子有马镫、鞍鞴、马肚带等。

13. tuktan   bilagande   mandʒu   uksura   gemuni   morin be
    早   期   满   族   还   马
    baitalame   bithe   dʒasiganbe   benere   morin i   giyamun
    用   书   信   送的   马   驿站
    bihebi
    有

    早期满族还有用马送书信的驿站。

14. tere   erinde   tese   morilaha   erinde   kemuni
    那   时   他们   马骑   时   还
    niyamniyan   gamara   be   tʃihalambi
    马箭   带   喜欢

    那时他们骑马时还喜欢带马箭。

15. uthai   morini   deleri   gabtara   sirdan   inu
    就是   马   背上   射   箭   是

    就是在马背上射箭。

16. umesi   labdu   mandʒu   niyalmai   boo   dukai
    很   多   满   人   家   口门

bade	morinbe	hūwaitarade	baitalara	tura	bi
处	马把	拴	用	桩	有

很多满族人家门口都有拴马桩。

17.
tere	erinde	mandʒu	uksura	dʒulesi	amasi	yaburede
那	时的	满	族	前	后	走

gemu	morilame	embitʃi	morin	sedʒende	tembi
都	骑马	或	马	车	乘坐

那时的满族来回走都骑马或乘坐马车。

18.
hehesi	dʒai	sakda	niyalma	morin	sedʒende	tereŋge	ambula
妇女	和	老	人	马	车	乘坐	多

妇女和老人乘坐马车的多。

19.
dʒuse	inu	morin	sedʒende	tembio
孩子们	也	马	车	上吗

孩子们也乘坐马车吗?

20.
tese	inu	morin	sedʒende	teme	tʃihalambi
他们	也	马	车	坐	喜欢

他们也喜欢乘坐马车。

21.
morin	uʃara	saikan	kotoli	sedʒende	tereŋge
马	拉	漂亮的	篷	车	坐

entʃushūn　　　tʃihalambi
特别　　　　　喜欢

特别喜欢乘坐马拉的漂亮篷车。

22. mandʒu　uksurai　niyalma　kemuni　ihan　sedʒende　tembio
    满　　　族　　　人　　　　还　　　牛　　车　　　乘坐吗

满族人还坐牛车吗？

23. tuktan　bilagani　usin　toksoi　mandʒu　uksurai　niyalma
    早　　　期　　　农　　村的　　满　　　族　　　人
    urkudʒi　ihan　sedʒende　tembi
    经常　　　牛　　车　　　乘坐

早期农村的满族人经常乘坐牛车。

24. dʒuwari　ihan　sedʒende　tehede　umesi　selabumbi
    夏天　　　牛　　车　　　坐　　　很　　　舒服

夏天乘坐牛车很舒服。

25. tese　tuweri　forgonde　isiname　kemuni　morin　uʃara
    他们　冬天　　季节　　　到　　　还　　　马　　　拉
    fiyala　embitʃi　ihan　uʃara　fiyalade　tembi
    雪橇　　或者　　牛　　拉　　　雪橇　　　乘坐

他们到了冬天还乘坐马拉雪橇或牛拉雪橇。

第十六课 交通工具

26. tuttu bitʃibe tuweri forgonde morin uʃara fiyalabe
    那　　也是　　冬天　　季节　　马　　拉　　雪橇
    baitalara erin ambula
    用　　　　时候　多
    但是，冬天使用马拉雪橇的时候多。

27. tei manʤu ukmurai oyoŋgo hafunan i agūra otʃi
    现在　满　　族的　　重要　　交通　　工具　是
    sukduʤen inu
    汽车　　　是
    满族现在的重要交通工具是汽车。

107

第十七课

dʒuwan nadatʃi kitʃen

mandʒu utʃun maksin
满族　歌　舞

满族歌舞

1. mandʒu otʃi emu utʃun maksinbe umesi tʃihalara uksura
   满族　是　一　歌　舞　非常　喜欢　民族
   满族是一个非常喜欢歌舞的民族。

2. tese haha hehe sakda asihan gemu utʃun
   他们　男　女　老　少　都　歌
   maksinbe tʃihalambi
   舞　喜欢
   他们男女老少都喜欢歌舞。

3. tuttu ofi umesi labdu yebtʃunge utʃun maksin bi
   那　成　非常　多　优美的　歌　舞　有
   所以,（满族）有很多优美的歌舞。

4. tesei selgiyehe utʃun maksin ai entʃushūn ba bimbio
   他们 传承的 歌 舞 什么 不同 处 有 吗
   他们的传统歌舞有什么特点？

5. amargi uksurai giltari entʃushūn ba bimbi
   北方 民族 鲜明 不同 处 有
   有北方民族的鲜明特点。

6. mandʒu nenehei utʃun maksin gemu aba dʒai
   满族 早先 歌 舞 都 狩猎 和
   nuktai weilede holbobumbi
   游牧 劳动 关系有
   满族早期歌舞都跟狩猎和游牧生产有关。

7. tesei utʃun maksin otʃi entʃushūn datʃun balama
   他们的 歌 舞 是 特别 豪 狂
   他们的歌舞特别豪放。

8. mandʒu kumun umesi lalin
   满族 音乐 非常 豪爽
   满族音乐非常豪爽。

9. eretʃi　tulgiyen　entʃushūn　gulu　sidʒirhūn
   此　　　外　　　特别　　　朴实　直白
   另外，特别质朴直白。

10. umesi　helmen　urani　hūsun　bi
    很　　　影　　　响　　　力　　有
    很有影响力。

11. mandʒui　utʃun　maksini　labdu　gemu　irgen　dorgideri　dʒihe
    满族　　　歌　　舞　　　　多　　　都　　　民　　间　　　　来
    满族歌舞大多都来自民间。

12. tesede　bandʒin　dʒai　dʒoboten　dʒihe　utʃun　maksin　bimbio
    他们　　生活　　　和　　　劳动　　　来的　歌　　　舞　　　　有吗
    他们有来自劳动的歌舞吗？

13. umesi　labdu　bi
    非常　　多　　　有
    有非常多。

14. gemu　tesei　bandʒin　dʒai　dʒoboten　dʒihe
    都　　他们　生活　　　和　　劳动　　　来
    都来自他们的生活和劳动。

15. mandʒui ifundelenge utʃun bi nio
    满族　有代表性的　民歌　有　吗
    满族有代表性的民歌吗？

16. nimaha dʒafara utʃun alini utʃun handutʃun dʒergi
    鱼　　捕　　　歌　　山　　歌　　秧歌　　　等
    dʒatʃi labdu bi
    太　　多　　有
    有"捕鱼歌""山歌""秧歌"等非常多（民歌）。

17. abai utʃun bimbio
    狩猎　歌　　有吗
    有狩猎歌吗？

18. mandʒu nenehei abai utʃun labdu bihe
    满族　　早先　　狩猎　歌　　多　　有
    满族早先的狩猎歌有很多。

19. sirame dʒai gisureki mandʒude buyeni nutʃun dʒai
    接着　　也　　说的话　满族　　爱情　　歌　　和
    bebuli utʃun bi
    摇篮　　歌　　有
    再说，满族还有爱情歌和摇篮曲。

20. mandʒu ai maksin bi
    满族 什么 舞蹈 有
    满族有什么舞蹈？

21. abai maksin handutʃun maksin giyahūni maksin
    狩猎 舞 秧歌   舞   鹰   舞
    dʒergi selgiyehe maksin bi
    等   传承的   舞蹈   有
    （满族）有"狩猎舞""秧歌舞""鹰舞"等传统舞蹈。

22. teretʃi dolo handutʃun maksin umesi helmen uran
    其   中   秧歌   舞   很   影   响
    hūsun bi
    力   有
    其中，"秧歌舞"很有影响力。

23. ere maksinbe dʒuwan udu niyalma emgi maksimbi
    这 舞   十   几 人   一起 跳
    该舞蹈需要十几个人一起跳。

24. mandʒu hai nenehei siʃa maksin bi
    满族   还 早期   腰铃 舞   有
    满族还有早期的"腰铃舞"。

25. siʃa   maksinbe   gemu   haha   niyalma   maksimbi
    腰铃舞   舞   都   男   人   跳
    "腰铃舞"都由男人跳。

26. tese   maksire   erinde   daramabe   hūsun   baitalame   morimbi
    他们   跳舞   时   腰部   劲   用   扭动
    他们跳舞时使劲扭动腰部。

27. hoŋoni   dʒilgan   niyalmai   mudʒilenbe   durgeme   atʃiŋibuyambi
    铃   声   人   心   震   摇
    铃声震撼人心。

28. mandʒu   hai   beye   uksurai   kumun   dʒai   kumuni   tetun   bi
    满族   还   自己   民族的   音乐   和   乐   器   有
    满族还有本民族的音乐和乐器。

29. sirame   dʒai   gisureki   mandʒude   gatʃuhai   efin   dʒergi
    接着   再   说的   满族   羊拐骨   玩   等
    umesi   labdu   efin   bi
    非常   多   游戏   有
    接着再说的话,满族有玩"嘎拉哈"等非常多的娱乐活动。

30. sain   ineŋgidari   mandʒu   niyalma   gemu   emgi   utʃun
    好   每日   满族   人   都   一起   歌

utʃuleme　maksin　maksilambi
唱　　　　舞　　　跳

每当节假日满族都要一起唱歌跳舞。

31. tesei　sakda　niyalma　dʒai　buya　dʒui
　　 他们　老年　人　　　和　　小　　孩
　　 gemu　utʃulere　maksilarebe　tʃihalambi
　　 都　　唱歌　　　跳舞　　　　喜欢

他们老人和小孩都喜欢唱歌跳舞。

第十八课

dʒuwan dʒakūtʃi kitʃen

mandʒu gisun
满　　 语

满语

1. si mandʒu gisun gisureme bahanambio
   你　满　　语　　说　　　会吗
   你会说满语吗？

2. bi madʒige bahanambi
   我　一些　　会
   我会一些。

3. daruhai baitalara gisunbe gisureme mutembi
   常　　　用　　　话　　 说　　　能
   能说一些常用的。

4. mini emu age taŋ seme gisurembi
   我　一　哥　熟练　说
   我有一个哥哥说得很熟练。

5. gisurere ararade gemu hafu
   说　写　都　通
   他能说能写。

6. i ya bade mandʒu gisun hergenbe tatʃiha bihe
   他　哪　学的　满　文　字　学　是
   他在哪里学的满语？

7. i amba tatʃikūde tatʃiha bihebi
   他　大　学校　学　是
   他在大学里学过。

8. mandʒu gisun hergen tatʃifi udu aniya oho
   满　文　字　学　几　年　成
   （他）学习满语有几年了？

9. emgeri tofohon aniya oho
   已经　十五　年　成了
   已经十五年了。

第十八课 满语

10. tere inengidari mandʒu hergeni bithebe hūlambi
    他 天每   满   文   书   读
    他每天都在读满文书。

11. ememu erinde gūwa niyalmai emgi mandʒu
    有的 时候   别   人   一起 满
    gisun gisurembi
    语   说
    有时也和别人一起说满语。

12. mandʒu gisunbe tatʃirede dʒa nio manga nio
    满   语   学   容易 吗 难   吗
    学习满语难不难？

13. kitʃeme tatʃitʃi uthai manga akū
    认真   学   就   难   不
    认真学就不难。

14. inengidari emu erin baitalame tatʃimbi
    天每   一   小时 用   学
    每天用一个小时来学习。

15. emu aniya amala mandʒu gisunbe gisureme mutembi
    一　　年　　后　　满　　　语　　　说　　　　能
    一年后就能说满语了。

16. oŋgolo aniyade labdu mandʒu niyalma mandʒu
    原先　　年　　多　　满　　　人　　　满
    gisun gisureme mutembi
    语　　说　　　会
    早年还有很多满族人会说满语。

17. te labdu mandʒu niyalma mandʒu gisunbe
    现在　多　　满　　　人　　　满　　　语
    gisurerakū oho
    说　不　　成了
    现在很多满族人不说满语了。

18. si ani utʃuride ai gisunbe gisurembi
    你　常　时　　　什么　语　　说
    你平时说什么语言？

19. bi nikan gisun gisurembi
    我　汉　　语　　说
    我说汉语。

20. mandʒu gisunbe gisurakū nio
    满   语   说不   吗
    不说满语吗？

21. dalbade bahanara niyalma akū ofi gisurerakū
    周围   会的   人   无   所以 说不
    周围没有会的人，所以（我）不说。

22. booi urse   gemu mandʒu gisun gisureme bahanambio
    家里 人们   都   满   语   说   会吗
    （你）家里的人们都会说满语吗？

23. mini booi gūwa niyalma gemu mandʒu gisun
    我   家里 其他 人   都   满   语
    gisurerakū
    说不
    我家里其他人都不说满语。

24. erebe mandʒu gisuni gisuretʃi ai   sembi
    这个   满   语   叫   怎么 说
    这个用满语怎么说？

25. ere gisunbe mandʒu hergen i ara
    这个 词 满文 字 写
    把这个词用满文写一下。

26. tere mandʒu gisunbe ulhirakū
    他 满 语 懂不
    他不懂满语。

27. tere mandʒu hergenbe arame bahanambi
    他 满文 字 写 会
    他会写满文。

28. sini gisurere dabali hūdun kai
    你 说得 挺 快 呀
    你说得挺快呀。

29. si mini gisunbe ulhihe nio
    你 我 话把 明白了 吗
    你明白我说的话了吗？

30. mudʒaŋga bi ulhihe
    是的 我 明白了
    是的，我明白了。

31. waka bi ulhire unde
不　我　明白　还没
不，我还没明白。

32. eretʃi amala bi mandʒu gisunbe saini tatʃimbi
这　后　我　满　语　好好儿　学习
从此以后我要好好学习满语。

第十九课

dʒuwan uyutʃi kitʃen

mandʒu hergen
满文 字
满文

1. mandʒu uksurade beyei gisun hergen bi
   满 族 自己 语言 文字 有
   满族有自己的语言和文字。

2. mandʒu hergen ataŋi fukdʒin deribuhe
   满 文 何时 开始 创制的
   满文是什么时候创制的?

3. mandʒu hergen otʃi 1599 aniyade moŋgo
   满 文 是 1599 年 蒙
   hergenderi deribuhe
   文 从 创制的
   满文是1599年由蒙古文创制而来。

4. mandʒu hergenbe deribuhe niyalma otʃi erdeni dʒai
   满   文   创制   人   是   额尔德尼 和
   gagai
   噶盖
   满文的创制者是额尔德尼和噶盖。

5. tuktan deribuhe mandʒu hergende fuka toŋki akū
   初   创的   满   文   圈   点   无
   初创满文没有圈点。

6. fuka toŋki akū mandʒu hergenbe fe mandʒu hergen
   圈   点   无   满   文   旧 满   文
   sembi
   称
   无圈点满文被称为旧满文。

7. fe mandʒu hergen ememu gisuni mudanbe getuken
   旧 满   文   一些   语   音   清楚
   iletuleme muterakū
   表达   能不
   旧满文不能清楚地表达某些语音。

8. amala dahai baksi mandʒu hergenbe dasame halaha
   后来   达海   巴克什 满   文   修   改了
   后来达海先生修改了满文。

9. dasame halaha mandʒu hergenbe fuka toŋki bi mandʒu
   修   改的   满   文   圈   点   有   满
   hergen sehebi
   文   称作
   修改后的满文就叫有圈点的满文。

10. tei   mandʒu gisuni eiten mudande gemu getuken
    现在的 满   语   所有   音   都   清楚
    iletuleme mutembio
    表达   能吗
    现在的满语能将所有音都清楚地表达吗？

11. arsari mudande gemu getuken iletuleme mutembi
    一般   音   都   清楚   表达   能
    一般的音都能清楚地表达。

12. dasame halaha mandʒu hergenbe itʃe mandʒu hergen sembi
    修   改的   满   文   新   满   文   称作
    修改后的满文被称为新满文。

13. mandʒu gisun yamaka gisuni fisende kamtʃibuha
    满   语   哪   语系   属于
    gisun ombi
    语   成
    满语属于哪个语系？

14. altai gisun i fisende kamtʃibumbi
    阿尔泰 语 系   属于
    （满语）属于阿尔泰语系。

15. yamaka gisuni mukūnde kamtʃibumbi
    哪个   语   族   属于
    （满语）属于哪个语族？

16. mandʒu tuŋgus gisuni mukūnde kamtʃibumbi
    满   通古斯   语   族   属于
    （满语）属于满通古斯语族语言。

17. mandʒu hergen ai entʃushūn ba bi
    满   文   什么 特点   处 有
    满文有什么特点？

18. mandʒu bithebe hashūderi itʃide undu arambi
满文 字 左从 右向 竖 写
满文要从左向右竖写。

19. mandʒu hergenbe arara arga moŋgo hergen arara
满 文 写法 蒙古 文 写
argade emu adali nio
法 一 样 吗
满文写法同蒙古文的写法一样吗?

20. arsari gemu emu adali
一般 都 一 样
基本上都一样。

21. tuttu seme adali akū ba dʒai bi
但 是 相同 不 处 也 有
但是,也有不一样之处。

22. mandʒu gisunde dʒuwen gaiha gisun bimbio
满 语 借 要的 语 有吗
满语里有借词吗?

23. komso akū bi
    少　　不　　有
    有不少。

24. gemu ai gisunderi dʒuwen gaiha gisun
    都　什么　语　　从　　借　要的　语
    都是从什么语言借用的词？

25. nikan gisunderi dʒuwen gaiha gisun bi
    汉语　　语　　　借　　要的　语　有
    有从汉语借用的词语。

26. eretʃi tulgiyen dʒai moŋgo gisunderi dʒuwen gaiha
    此　　　外　　　也　蒙古　　语　　　借　　要的
    gisun bi
    语　　有
    另外，也有蒙古语借词。

27. ne mandʒu gisunbe gisurere niyalma bimbio
    现在　满　　语　　　说的　　人　　　有吗
    现在有说满语的人吗？

28. mandʒu gisunbe gisurere niyalma umesi komso
    满   语   说的   人   非常 少
    说满语的人非常少。

29. mandʒu gisun emgeri tuksitʃukede tuhenehe gisun oho
    满   语   已经   濒危   落到   语言 成
    满语已经成为濒危语言。

30. mandʒu hergeni araha bithe labdu bimbio
    满文   字   写   书   多   有吗
    用满文写的书多吗？

31. umesi labdu bi
    非常 多   有
    有非常多。

第二十课

oritʃi kitʃen

mandʒu　　hergen　　daŋse　　bithe
满　　　　文　　　　资料　　　书

满文文献资料

1. mandʒu　hergeni　daŋse　bithe　labdu　bi　nio
   满　　　文　　　　档案　　书籍　　多　　有　吗

   满文档案资料多吗？

2. umesi　labdu　bimbi
   很　　　多　　　有

   有很多。

3. mandʒu　hergen　daŋse　bithei　toni　kemun　teni　dʒatʃi　amba
   满　　　　文　　　档案　　书籍　　数　　量　　极其　巨　　大

   满文档案书籍数量极其庞大。

4. tese gemu ai bade bargiyame asarame bimbio
   它们 都 什么 处 收 藏 在 吗
   它们都收藏在哪里呀？

5. oyoŋgo otʃi bedʒiŋni fe guruŋde bargiyame asarame bi
   主要 是 北京 故宫 收 藏 在
   主要收藏在北京故宫。

6. eretʃi tulgiyen hai ai bade bargiyame asarame bimbio
   其 外 还 什么 处 收 藏 在呢
   另外，还在什么地方收藏呢？

7. guruni bithe asarara kurende labdu bi
   国家 书 藏 馆 多 有
   国家图书馆也有很多收藏。

8. dergi amargi bai ilan goloi bithe asarara kurende dʒai
   东 北 地方 三 省的 书 藏 馆 也
   labdu akū bi
   多 无 有
   东北三省的图书馆也有不少。

9. ulusu guruni geren bai daŋsei kuren dʒai bithe asarara
   全 国 各 地 档案 馆 和 书 藏

kurende mandʒu hergeni suduri bithe labdu akū bi
馆　　满　　文　　　历史　书　　多　　无　有

全国各地的档案馆和图书馆有不少满文史料。

10. tʃiŋ erini dʒuwe taŋgū uyundʒu fulu aniya
　　清　　代　　二　　百　　九十　　多　　年
　　dolo asuru amba mandʒu hergeni daŋse dʒai
　　里　　极其　多的　满　　　文　　档案　和
　　suduri bithe weribuha
　　史　　书　　留下了

清代二百九十余年的历史岁月里留下数量极其巨大的满文档案和史书。

11. mandʒu hergen daŋse dʒai suduri bithei dolo udu
　　满　　　文　　档案　和　　史　　书　　内　几
　　tuwali ilgambio
　　类　　　分

满文档案和史书分几类？

12. oyoŋgo otʃi danse bithe tʃagan eldeŋge wehei
　　主要　　是　　档案　书　　籍　　光耀　　石

folon   ilan   tuwali   ilgambi
铭刻   三   类   分

主要分档案、图书、碑刻三大类。

13. dʒai   foloho   debtelin   araha   debtelin   sarkiyahe
    还   刻   本   写   本   抄
    debtelin   tartʃani   ʃuwaselahe   debtelin   dʒergi   nadan
    本   铅   印   本   等   七
    tuwali   ilgambi
    种类   分

还分为刻本、写本、抄本、铅印本等七种类型文献资料。

14. duibulembi   tuwatʃi   foloho   debtelin   dʒai   araha   debtelin
    对比   看   刻   本   和   写   本
    umesi   labdu   bi
    非常   多   有

相较而言，刻本和写本非常多。

15. mandʒu   hergeni   daŋse   bithe   dolo   ai   tuwali   dʒatʃi
    满   文   档案   书籍   里   哪些 种类   最
    labdu   bimbio
    多   有呢

满文档案资料里哪些类别的资料最多？

第二十课 满文文献资料

16. suduri tuwali bithe dʒatʃi labdu bi
    历史　种类　书籍　最　　多　　有
    历史种类的书最多。

17. ere udu daŋse dʒai suduri bithe gemu umesi
    这　些　档案　和　历史　　书籍　都　非常
    den sibkire tusa bi
    高的　研究　作用　有
    这些档案和历史书籍都有非常高的研究价值。

18. neneme tʃin erini suduribe sibkirede oyoŋgo tusa bi
    首先　　清　代　历史　　研究　　重要的 作用 有
    首先，在清代历史研究中有重要价值。

19. tuttu ofi mandʒu hergeni daŋse bithe umesi
    那　　是　满　　文　　档案　书籍　很
    labdu erinde suduri ergideri sibkire niyalma labdu
    多的　时候　历史　方面　　研究　　人　　　多
    bi
    有
    所以，人们更多从历史学角度对满文档案及书籍进行研究。

133

20. terei siramenge gisun hergen dʒergi ergi i sibkire
    其   后   语言 文字 等   方面 研究
    tusa bi
    作用 有
    其次，有语言文字学等方面研究的价值。

21. tʃiŋ erini danse dʒai suduri bithe labdu ergi i
    清   代   档案 与   历史   书籍 多   方面的
    bargiyara sibkire tusa bi
    收藏   研究   作用 有
    清代档案与历史书籍有多方面的收藏及研究价值。

22. mandʒu hergeni danse dʒai suduri bithebe gemu
    满   文   档案 与   历史   书籍   都
    nikan hergeni ubaliyambuha nio
    汉   文   翻译了   吗
    满文档案与历史书籍都译成汉文了吗？

23. kemuni nikan hergeni gemu ubaliyambuhakū bi
    尚未   汉   文   都   翻译无   有
    尚未全部译成汉文。

24. ne teile emu yohi ubaliyambuha
    现在 只 一 部分 翻译了
    现在只是翻译了一部分。

25. mandʒu hergeni daŋse dʒai suduri bithe otʃi
    满   文   档案 与   历史 书籍 是
    guruni daŋse dʒai suduri bithei emu oyoŋgo
    国家   档案 与   历史   书籍   一   重要
    musei yohi ombi
    我们 部分 成
    满文档案与历史书籍是我国档案及历史书籍的重要组成部分。

26. muse gulhun sibkire baitaŋgaŋe bi
    我们 全面   研究   需要   有
    需要我们开展全面研究。

27. muterei teile neime tutʃibume baitalara baitaŋgaŋe bi
    能   只   开   发   利用   需要   有
    有尽可能充分开发利用的需要。

28. muse mandʒu hergeni daŋse dʒai suduri bithei
    我们 满   文   档案 与   历史 书籍

135

tusabe	ele	sain	badarambume	tutʃibuhere	baitaŋgaŋge
作用	更	好	发挥	出来	需要

bi
有

我们应该让满文档案与历史书籍的作用更好地发挥出来。

后　记

　　这本会话读本的原稿，在我们的满语满文教学实践中使用了多年，且在不断进行修改和补充完善。接到撰稿任务后，我们进行了大量有实效性、针对性、全面性的修改补充，争取完成一部质量较高的实用满语会话读本。其中，包括对原有书稿的框架做重新调整、增加新的章节、补充新的会话内容，以及删除没有必要的章节及会话资料等。

　　本书的顺利出版，首先得到中国社会科学院院领导的强有力的支持和关怀，对此表示最诚挚的感谢。有了他们的鼓励和关心关怀，我们才能够按部就班、按计划圆满完成这本书的撰写工作。与此同时，还得到中国社会科学院大学领导和各有关部门的大力支持，他们还拿出专项出版经费来鼎力支持，在此向中国社会科学院大学领导及其各有关部门表示诚挚感谢。

　　我们还要感谢新疆伊犁师范大学锡伯语研究中心主任锡伯族语言文化学专家贺元秀教授，以及新疆伊犁察布查尔锡伯自治县察布查尔报社郭智林副主编，感谢他们给予的无私帮助与支持，并对本书存在的问题等提出了十分宝贵的意见。

　　最后还要感谢中国社会科学出版社领导以及古籍分社的编辑人员，感谢他们为该书的编辑出版付出的艰辛劳动。

　　就像每一部成果都追求最好的结果一样，我们也对这本实用满语满文会话读本付出了艰辛的劳动。但是，书中不可避免地可能还存在一些不足和不到位之处，诚恳地希望大家提出宝贵意见。

朝　克
2024 年 10 月